AU JOLI MOIS DE MAI
d'Aline Apostolska
est le six cent quatre-vingt-douzième ouvrage
publié chez
VLB ÉDITEUR.

La collection « Poésie »
est dirigée par Simone Sauren.

D0981806

VLB éditeur bénéficie du soutien de la Société de développement des entreprises culturelles du Québec (SODEC) pour son programme d'édition.

Nous reconnaissons l'aide financière du gouvernement du Canada par l'entremise du Programme d'aide au développement de l'industrie de l'édition (PADIÉ) pour nos activités d'édition.

Nous remercions le Conseil des Arts du Canada de l'aide accordée à notre programme de publication.

To Troy,

Au joli mois de mai

in this beautiful
october 2005,
with thanks
and big big pleasure,

Very friendly,

Aline A *
8 . 10 . 05
Belfast

De la même auteure

Les Larmes de Lumir, Paris, Mots d'Homme, 1986.

Étoile-moi, Paris, Calmann-Lévy, 1987.

Sous le signe des étoiles, Paris, Balland, 1989.

Mille et mille lunes, Paris, Mercure de France, 1992.

Le Zodiaque ou le Cheminement vers soi-même, Saint-Jean-de-Braye, Dangles, 1994 (série de 12 livres).

La Treizième Lune, avec Raphaël Weyland, Gambais, Bastberg, 1996.

Lettre à mes fils qui ne verront jamais la Yougoslavie, Cherbourg, Isoéte, 1997 ; Montréal, Leméac, 2000.

Les Grandes Aventurières, Montréal, Stanké, 2000.

Tourmente, Montréal, Leméac, 2000.

ALINE APOSTOLSKA

Au joli mois de mai

Sortie de quarantaine

vlb éditeur

VLB éditeur
Une division du groupe Ville-Marie Littérature
1010, rue de La Gauchetière Est
Montréal, Québec H2L 2N5
Tél. : (514) 523-1182
Téléc. : (514) 282-7530
Courriel : vml@sogides.com

Maquette de la couverture : Patrice St-Amour

Données de catalogage avant publication (Canada)
Apostolska, Aline, 1961-
    Au joli mois de mai
    (Poésie)
    ISBN 2-89005-785-2
    I. Titre.
PS8551.P644A96   2001   C841'.6   C2001-941390-4
PS9551.P644A96   2001
PQ3919.2.A66A96   2001

DISTRIBUTEURS EXCLUSIFS :

• Pour le Québec, le Canada et les États-Unis :
LES MESSAGERIES ADP*
955, rue Amherst
Montréal, Québec H2L 3K4
Tél. : (514) 523-1182
Téléc. : (514) 939-0406
*Filiale de Sogides ltée

• Pour la France :
D.E.Q. – Librairie du Québec
30, rue Gay-Lussac, 75005 Paris
Tél. : 01 43 54 49 02
Téléc. : 01 43 54 39 15
Courriel : liquebec@cybercable.fr

• Pour la Suisse :
TRANSAT S.A.
4 Ter, route des Jeunes
C.P. 1210, 1211 Genève 26
Tél. : (41-22) 342-77-40
Téléc. : (41-22) 343-46-46

Pour en savoir davantage sur nos publications,
visitez notre site : **www.edvlb.com**
Autres sites à visiter : www.edtypo.com • www.edhexagone.com
www.edhomme.com • www.edjour.com • www.edutilis.com

Dépôt légal : 4e trimestre 2001
Bibliothèque nationale du Québec
Bibliothèque nationale du Canada

Aux trois Grâces qui ont accompagné cette mue :
Évelyn, pour m'avoir offert le carnet japonais,
Simone, pour avoir balisé le parcours,
Rose-Marie, pour avoir tenu la barre.

Et à Hélène, bien sûr, en toute sororité...

Un jour j'aurai dit oui à ma naissance.

Écrire commence par une trahison.

LOUISE DUPRÉ

Vertige du sens

Nous sommes des êtres de passages, faits d'espace et de temps. Une vie de passé qui traverse le présent, s'y superpose parfois comme un ici efface les bords d'un ailleurs. D'un passage à un autre, nous allons, en quête de cette « vérité de soi » qui se révèle incessante transformation.

C'est le printemps, le mois de mai. Aline Apostolska nous invite à célébrer naissances et métamorphoses. Un cycle se termine, l'auteure amorce la quarantaine. Cela serait peu si le poème n'arrivait ici à transcender les circonstances qui le font surgir et à forcer les portes de la mémoire, de cette « immense bibliothèque macédonienne » où se croiseront les mondes personnels et mythiques.

Renaître demande que l'on retrouve ce lieu intérieur où le centre et la périphérie ne font qu'un, où le corps est l'âme, et l'ailleurs, une figure de l'ici, que l'on rejoigne le lieu où se fondent l'air, l'eau, le feu, pour que « l'oiseau nage dans les houles contraires du fleuve du vent ». Telle renaissance exige que soient réconciliées les forces antagonistes, déliés les nœuds qui subsistent.

Ainsi faut-il entrer dans le tumulte, arracher à une mère née le jour des Morts la vie qui nous appartient, puis la redonner à un fils né sous le signe de l'alchimie. Difficile naissance, douloureux enfantement; la chair résiste, que martèlent les mots – en quête de fusion, le poème s'obstine: «mais si la chair n'est pas l'âme, alors qu'est-ce que l'âme?» À nos questions, la vie ne répond que par bribes, par fragments épars que l'auteure cherche à recueillir.

La mythologie n'est jamais très loin de cet univers poétique où l'espace intime convoque les figures qui l'éclaireront. Nyx, Héra, Aphrodite, Hippolyte et autres divinités grecques permettent d'ouvrir un passage jusqu'à soi. Leurs histoires se croisent, s'entrechoquent – le sens qui en émerge se renouvelle constamment.

« *Magna Mater* » d'amour et de connaissance. Pan et Hermès s'affrontent. D'un côté, l'éphémère, de l'autre, l'Olympe. Mais nous appartenons à la vie brève et à ses fragiles mouvements, à ses remous de terre et de mer, de jours et de nuits qui métamorphosent l'air et le feu, font de la mort un chemin de renaissance, et de novembre, l'ombre nécessaire de mai. Comme pour un banquet, les planètes se réunissent: Jupiter, Mercure, Vénus, toutes participent à la célébration d'une origine où convergent espace et temps, corps et âme, mère et enfant, une origine qui nous restitue l'intense sensation du Tout à travers la beauté périssable du monde.

Aline Apostolska n'ajoute pas un livre de poésie à son œuvre de romancière et d'essayiste. Elle fait plutôt entendre ici une voix d'une qualité singulière qui engage rien de moins que l'authenticité. Elle ne fait pas qu'écrire de la poésie, elle entre dans l'univers

des représentations personnelles et collecti-
ves pour que le poème devienne, dans le
champ de l'expérience intime, un processus
de transformation. Et cette écriture fluide
assume le risque de juxtaposer rythmes et
tonalités multiples, d'éprouver la densité
émotive du poème. Elle entraîne la langue
du côté d'une ferveur tantôt impétueuse,
tantôt jubilatoire, préférant entrer dans le
vertige du sens et remettre sans cesse en
question le chemin emprunté, plutôt que de
se fixer dans un sillon, d'acquiescer à une
forme qui répéterait l'ordre du monde.
Ainsi chaque mouvement possède-t-il sa
capacité propre d'éclairer l'espace qu'ex-
plore l'auteure. Et nous, avec elle, portés
par nos désirs de métamorphoses.

HÉLÈNE DORION

Premier mouvement

Mes jours sont comptés

mai 2000

1er mai

Bourgeon

l'œil implacable d'une conscience
immobile
hiératique
persévérante
imperturbée
l'œil que ne séduit aucune forme
qu'aucun voile ne saurait rassurer
absence de bienveillance
et d'obligeance
refus de se rassasier
intacte

la Femme absolue du tout premier matin

2 mai

Anniversaire

ligne de déflagration
un mirador à chaque coin
entrez entrez
mais sortir jamais
se retourner pas sûr
la boue est trop fraîche
des mottes de glaise
en pleine figure

à aucun prix je n'aurais
vingt ans
une fois de plus

une fois de trop

3 mai

Escargot

l'oiseau vole-t-il ?
il nage
dans les houles contraires du fleuve du vent

le dauphin nage-t-il ?
il vole
dans les tréfonds azur de
l'Ineffable

mais la vache va au taureau
et l'abeille tisse son miel
et la mort chaque seconde
remplit son panier

4 mai

Muguet

quand une femme à une femme
écrit une lettre de femme
d'amour
de mort
que lui dit-elle ?

qu'elle est désirable,
enviable,
indomptable
irremplaçable

qu'elle est la fleur dans le jardin
une rose
        pas la rose
                l'épine

5 mai

Soleil

si je ne te crois pas
si je ne te vois pas
si je hausse les épaules
si je détourne le regard
si mon âme est trahie
si le film ne me plaît pas

tu me brûles de désespoir
tu lèves les bras au ciel
mauvais premier rôle

je suis un tas de cendres
dans le désert de la défiance

6 mai

Boréale

la glace

toute la mémoire du monde
dans un *popsicle* sans goût
le vent qui hurle des vérités inaudibles
trop !
un vacarme sans nom
nommé le silence
et moi
qui me plains
d'un retard d'une facture
de la toux de mon enfant
de l'infidélité d'un amant
d'une ride de plus dans

la glace

7 mai

Papillon

une corde dans l'eau du souvenir
pourrie
un lien qui s'étiole dans l'oubli
traître
des diamants bruts
concassés
réduits à rien par le mépris
poussière compacte de tout ce qu'on a laissé
mourir
qui eût pu et ne put pas
enchantement de promesses
qu'on a renoncé à tenir
dérision
du sens de la vie
empire de l'impossible

transparent
léger
tellement léger
insignifiant essentiel

8 mai

So long

sur le fil du temps
perles de bois irisées
enfilées tressées tricotées
une façon de
tenir la tête
hors du trou, regard lointain
demain taratata un autre jour
hier turlututu jamais fini
l'année dernière reste mon

à venir

9 mai

Billots de temps

une perle de bois relie mon carnet
japonais
on dirait un bonbon
une canneberge
une pitoune
un érable

un coureur des bois un jour
descendit le Fleuve
avec une écorce dans sa besace
chaud sous sa tuque de loup gris
froid aux mains
m'apporta cette perle de bois
poli
une boule d'éternité

l'écriture

10 mai

Chambord

dans la brume du lac gelé
bateaux de givre viennent
puis vont
disparaissent
puis effraient par leur soudain reflux

du fond de l'eau en été rouge
de fer de feuilles de ouananiches
silhouettes d'un autre temps
d'une autre rive

François Ier et Léonard de Vinci
jouent aux échecs
dans la cour du château aux
trois cent soixante-cinq cheminées

11 mai

Fjord

origine du Québec et
origine de la vie
fantômes de Montagnais et de Hurons
dansent entre lac et fjord
avec ceux de Val-Jalbert
immensité chevaleresque et magnanime
majesté de l'eau cristalline
sagesse des bélugas et des rorquals

traces des pieds nus de mes enfants
sur le sable de La Baie

12 mai

Tempête

vagues courent jusqu'au pied
de la galerie
galets projetés crachin de gel
grêle souffle jusqu'aux os
ciel de plomb mais lumière drue
désarroi d'un temps au repos
houles intérieures fracas tonnerre

demain le ciel sera pur et clair
mon cœur serein lavé
demain je redeviendrai
invincible

13 mai

Feu

près de l'âtre au mois de mai
en Sologne un château sur la route de Salbris
au Lac-Saint-Jean un chalet sur la route d'Alma

bûche après bûche le feu
réchauffe l'âme et les doutes aussi
chaleur souveraine, égoïste
des contes et des rêveries
là où l'on aspirait à des courses
au grand soleil

près de l'âtre au mois de mai
d'un continent à l'autre
(in)quiétude

14 mai

Braise

que fait-on brûler
bûche après bûche
dans le fond d'un foyer

de quoi se nourrit la braise
des futurs feux de joie

de quoi s'alimente le désir
exaucé
béat
mille et mille et mille fois
rassasié

d'où vient ce désir à jamais inassouvi?

15 mai

Aube

une passoire rose tente de soulever
le ciel de le séparer
de la mélasse nuageuse
qui lui colle au visage
comme le voile d'une vierge Iphigénie

quelques gouttes de soleil filtrent au travers
tels des camées de lumière
comme une tentative
pour nous éveiller au monde
et encourager notre présence

m'éveiller à l'aube m'épuise
de responsabilité
je me rendors

16 mai

Chute

pendant le temps de chute
le cœur s'arrête de battre presque mort
    pas éclos encore
la conscience veille
chant d'un cygne noir

un an je criais pour survivre
cinq ans fragments centripètes
quinze ans il m'a fait le plus grand bien
trente ans mère et mer écriture
trente-cinq ans deux lumières une seule vigie
et trente-neuf ?
trente-neuf ans une aurore au loin

fracas de la chute dans le fond du canyon
clepsydre déglinguée

17 mai

Mémoire

d'elle à tire-d'aile
comment me rapprocher
ne pas l'oublier
dépoussiérer ma confiance
pelleter devant la porte close de ma
Mémoire

pas une histoire triste
rien qu'une histoire vraie
sans façon sans retour
plusieurs tomes d'oubli

immense bibliothèque macédonienne
Alexandrie

18 mai

Belvédère

quatre cents marches
milliards de kilos d'eau
furieuse
libre comme au tout premier matin du monde
nul secours nulle entrave visible
l'Homme renvoyé à sa bête dimension

huit cents marches
la cime des érables
et des cèdres
le soleil bientôt vu du dessus
l'Homme élevé à la dimension de l'aigle

mille deux cents marches
à la seule force de ses pieds
lourds de boue fraîche
mottes de glaise en pleine figure
l'Homme devenu lui-même

19 mai

Petit parc

trois cents kilomètres sans trace
humaine autre
qu'une route divinement solitaire
sillon d'asphalte pour atteindre le silence

la liberté n'est qu'une route infinie
une rampe de lancement
personne devant
Amérique du Nord
personne derrière

un orignal traverse
m'oblige à ralentir
à m'arrêter
au milieu de nulle part

20 mai

Tropiques

rentrer à Montréal
en descendant du Nord
au rythme automobile
prendre de vitesse
le printemps
arriver dans les tropiques

à chacun son Sud
son Afrique

21 mai

Caresse

ce matin tu fus mon miel
demain tu seras mon hier
mon cousin mon frère mon aïeul

tous ces gestes que les terriens
de toute texture de toute allure de tout goût
partagent et renouvellent sans dessein

de miel d'hier et d'ailleurs
l'architecture du bonheur dérisoire

22 mai

Désir

au premier regard

clapotis de magma gerbes
arc-en-ciel fusées d'artifice
comme une onde langue
coulées de douleur insatiable
au plus profond de mon refus
violer les négations les retenues
morsures égarements psalmodies
élégies de la tendresse remplacée
par le cru besoin de dévorer
d'être dépecée
explosion
feu
artifice
fusées

je descends de la louve
                    de la truie

je le sens
il le voit

23 mai

Sommeil

s'endormir arrimée à son corps
être réveillée par sa langue
qui fracture le tiroir de mes cuisses
le secouer dans la noirceur pour lui dire
que je ne veux pas dormir

au nom de quoi ai-je bafoué ces
    irremplaçables miracles de la vie?
qui donc est mon ennemi?

restent la silhouette de son dos
la courbe de sa hanche
deux fossettes à la naissance de sa cambrure
me pointent du doigt
me rient aux nez

il dort encastré dans d'autres oreillers
mon meilleur ennemi
mon cousin mon aïeul mon frère

24 mai

Bacchus

danser pour perdre la raison
celle qui empêche de danser
de sentir contre le mien
battre son corps
tango des regrets
salsa des pertes
valse des oublis
s'enivrer du bruit lointain
de ce qu'on a oublié
déprécié depuis
l'enfance
la conscience première
la seule

danser

25 mai

Rupture

au jour le jour se nourrir
de lui ce qu'il en reste
comptabilité toujours positive
bénéficiaire
dénombrer les bienfaits
mesurer les offrandes
calculer les acquis
thésauriser mon magot
l'amour vivant est doutes et mouvances
la rupture certitudes et possessions

il sera à moi dorénavant
sans partage
ni mensonge
ni vérité

26 mai

Musique

quand on est sourd
entendre la musique
contre ses os
venue de l'intérieur

un gouffre sous-marin d'avant la naissance
d'avant la perception du visible
d'avant la musique

d'avant le père de Beethoven

27 mai

Fête

il y a certainement quelqu'un qui m'a tuée
puis s'en est allé
lâche et victorieux
no one ever kicks a dead dog
être tuée est un signe de bonne
santé posthume

s'en est allé lâche et traître
bredouille surtout
mort à lui-même
infidèle à la vie
no one ever kicks a dead dog
ignorant de l'amour vrai
ficelé au paraître

sacrifice rituel
fête

28 mai

Dimanche

jour du seigneur Soleil
par son miroir lunaire reflété
jour de la déesse Poussière
de ses valets torchon et plumeau
jour de Partage
rires autour d'un gâteau sorti du four
jour de pluies et de langueurs

rais de chaleur
auréoles d'enfance

29 mai

Mont Royal

Montréal sans vélos serait un ciel sans oiseaux
Montréal la ville où le ciel reste toujours
disponible toujours présent
mobile et volatile comme la rose des vents

une brise descend de la montagne
sur l'île ancrée au Fleuve
prête à larguer les amarres

30 mai

Au joli mois de mai

l'hiver reste l'unique perspective de l'été
l'automne celle du printemps
les fleurs visibles sont celles
qui ne repousseront plus
et s'épanouir c'est
déjà mourir

la vie sans retour
toujours recommence
éternel printemps
éphémère revanche

joli mois de mai de ma naissance
souci de vivre encore

Deuxième mouvement

Samaïn

novembre 2000

31 mai

Bourgeon

l'œil immobile d'une conscience que rien
ne saurait distraire
ni surtout apitoyer

houle dressée d'une tempête
lointaine déjà
mes jours sont comptés
pluie féconde printemps du cœur

jamais je n'ai été plus proche de moi-même
jamais plus vraie
jamais plus seule
comme au premier matin de ma vie

toujours moins
jamais plus
mes jours sont comptés

Que serait mai sans novembre ?

Un pile à la face effacée Janus sans perspective ni lendemain une pauvre girouette qui ne s'arrêterait jamais n'indiquerait plus rien mai sans novembre une pluie sans eau la vie sans mort juste la lourdeur centrifuge des nuages. S'il fallait sortir de terre en mai sans jamais y retourner en novembre si mai ne possédait son novembre ne pouvait l'appeler à la rescousse autant dire que l'Homme n'aurait plus besoin de dormir ni de manger mourir sans avoir vécu ni s'en plaindre ni le regretter en aucune façon y remédier.

Dehors novembre et je me mets au lit histoire de me raconter une histoire à dormir à veiller. Je regarde une lueur. Par la fenêtre s'approche une luciole anachronique un lampion d'Halloween et rougit mes joues.

Des guirlandes de citrouilles clignotent dans mes pupilles la lumière est dedans dehors novembre sorcières et vampires déambulent en grappes serrées dans les ruelles petits monstres qui ne chantent même plus aux portes ne croient plus en rien.

Pourtant il y a cinq ans à l'Halloween en plein midi je croyais encore à tout. À quel prix recrée-t-on la vie le monde impunément ? Novembre il y a cinq ans. Halloween se préparait pour le lendemain. Il est apparu

tel le soleil luit en plein zénith en plein midi
et j'y croyais et je l'ai reconnu. Depuis neuf
mois nous nous approchions l'un de l'autre
il m'avait apprivoisée.

Donner la vie pourtant avait été une mort
annoncée affrontée esquivée. Trois quatre
minutes infimes pour tourner la mort en vie.
Deux monstres entêtés antithétiques deux
puissances clair et obscur jour et nuit père et
mère étoile et lune se sont livré bataille sur
le terrain de mon corps déserté par le désir
corps de mort d'où a jailli la vie.

Sorciers de la médecine technologique pouvoir de vie pouvoir de tourner la mort en vie
hommes-médecine d'hier et d'aujourd'hui
contre sorcières déterminées à me conserver
prisonnière de leur clan la ronde planète de
la matrilinéarité bouillons d'os humains où
flottent des pattes de poules des orteils de
fœtus inachevés sorcières jalouses Médées
impitoyables hideuses méchantes à faire crever à en crever les yeux aveugles de ne voir
que la mort en face.

Vengeance de l'utérus-roi havre et cimetière abîme et oubli autant que protection
et pardon cimetière creusé par les Médées
impitoyables dont la face n'est que mort et
ricanement. Ma fille je veux que tu restes
enchaînée à ta lignée mon corps criait je ne
veux pas je vous échapperai dussé-je en
mourir il n'existera jamais aucune raison
pour que je renonce au soleil que je vous
rejoigne dans votre cimetière mon corps
criait je ne veux pas le soleil est ma seule

matrie et il est apparu en plein midi lumineux au-dessus des cadavres gargouillements d'os humains où flottaient des pattes de poules des orteils de fœtus inachevés lui était intact il m'avait reconnue vengée. Sauvée.

Sorciers de la naissance technologique contre sorcières de la renaissance. Sans les premiers je ne serais pas ici pour vous l'écrire sans les secondes je n'écrirais pas.

Novembre il y a cinq ans. Je croyais encore en tout j'avais raison le soleil a toujours brillé de mon côté androgynie originelle qui jamais n'a voulu muter ni choisir son camp pourquoi un seul camp étroitesse mortifère. Mon corps criait je ne veux pas depuis le tout premier matin de ma vie mon corps m'a reconnue m'a choisie. M'a sauvée.

À avoir joué avec la vie j'ai bien failli mourir. Nous étions fondus l'un dans l'autre solidaires depuis neuf mois depuis l'éternité. Combien sont ainsi mortes avant moi combien mourront encore de n'avoir pas rencontré les sorciers technologiques de n'avoir pas vu le soleil briller de leur côté d'avoir abdiqué choisi un seul camp celui du cimetière des sorcières de l'utérus-roi de l'écriture.

Au lieu de cela il y a cinq ans à l'Halloween un nouveau soleil m'est apparu en plein zénith en plein midi son père l'a accueilli je ne pouvais le voir moi il me fallait traverser le pays du sommeil traverser le cimetière en marchant sur des œufs. Pourris.

Je l'ai vu enfin j'ai tourné le dos au cimetière jonché des cadavres de celles qui avaient abdiqué choisi un seul camp celui des Médées de la mort sans vie. Son père nous a accueillis il brillait de notre côté en plein zénith en plein midi. Il y a cinq ans j'étais apprivoisée je croyais encore en tout j'étais convertie. Sauvée.

Samaïn
nouvelle année

Rhiannon, Korrigans et Mélusine autour des dolmens dans la forêt de Brocéliande dansaient sous le clair de lune grappes de gui céleste sur la tête.
Au gui l'an neuf!
Gui qui jamais ne touche terre qui de cime d'arbre en cime d'arbre grâce aux oiseaux se transporte et fleurit refleurit gui gui guirlandes de gui vie translucide grappes de souhaits pour un cycle nouveau.
Entrée dans la froide saison féminine, retour à l'obscur à la terre à la mère. La lumière n'est qu'un instant ravi à l'obscurité, l'Espace une vaine victoire sur l'immobilité du Temps. L'Obscur, le Temps, la Terre, la Mère, on en vient on y retourne.
Samaïn
un jour ou l'autre, tôt ou tard, mort ou vivant on y retourne et, un jour une nuit, on y reste.
Vaine victoire sur l'invisible ennemie.

Il fait un temps à mourir debout à entrer en terre sans demander son reste tourner la nuque sans discuter face au sol. Tant pis ainsi va la vie on n'y peut rien trop fatigué pour lutter encore épuisé d'avoir trop longtemps cru dialoguer avec les sourds et les muets les fantômes sans corps qui ne souffrent plus du froid ne combattent aucune douleur et s'en prennent à la vôtre. Autant de pointes acérées enfoncées tournées retournées dans le fond du cœur.

Il fait un temps à mourir vivant la lumière qu'on espérait qu'on désespère qu'on n'a pas méritée trop sombres au-dedans trop arrogants insignifiantes larves humaines qui ne peuvent revendiquer mieux. Novembre voilà que je n'ai plus de camp la neige bientôt aura recouvert les marques territoire vierge sans cœur sans lumière.

Il fait un temps à mourir sans bruit mon corps crie je ne veux pas mes cris de toute façon sont emportés par le vent qui balaie l'île ancrée au Fleuve prête à larguer les amarres le vent qui charrie des feuilles sèches qu'on déguise en citrouilles de plastique. Exorcisez donc pauvres humains hissez vos drapeaux de crépon demandez grâce rien n'y fera les feuilles même déguisées en bonhommes-citrouilles ne reviendront pas avant le printemps. C'est plate à mort icitte j'ai besoin de lumière. Nature la pire des sorcières la Nature nous enterrera câlice nous enterrera vivants.

Il fait un temps à s'enterrer vivant dans le fond du lit. Me réveiller à l'aube m'épuise de responsabilité je me recouche je me raconte des histoires à dormir à veiller à préserver mes forces vitales roulée en boule dans les draps comme dans un linceul de survie de renaissance peut-être. Pourtant il y a cinq ans encore je croyais que novembre était le mois du soleil en plein zénith en plein midi.

Mon lit un sillon ouvert sur une nuit sans étoiles recouvertes de neige balayées par le vent la glace est un Fleuve auquel personne ne peut s'ancrer trop tard enterrés vivants. Mon lit un linceul de survie. Il dort encastré dans d'autres oreillers mon meilleur ennemi mon cousin mon aïeul mon frère restent la silhouette de son dos la courbe de sa hanche la sève de sa langue qui forçait le tiroir de mes cuisses deux fossettes à la naissance de sa cambrure me pointent du doigt me rient au nez. Mon lit a largué les amarres pas moyen de s'ancrer à la glace de la couardise du paraître la glace brûle ma peau dessèche mes lèvres sabre mes cuisses dans le fond de mon lit linceul mon cœur n'est qu'un tas de cendres dans le désert de la défiance.

Née le jour des Morts ma mère est née le jour des Morts. Entre nous un fil invisible rompu. Ne me demande rien encore trop de choses à cacher je n'ai pas envie de mentir. Un fil entre nous elle née le jour des Morts et moi le jour du retour de la vie elle aurait voulu que je lui redonne la vie je ne lui ai jamais dit je t'aime tout court je t'aime beaucoup ça fait moins mal de n'exister que pour redonner vie à sa mère. Le soleil a toujours brillé de mon côté le soleil est ma seule matrie.

Ma mère née le jour des Morts sa petite tête dressée au milieu du cimetière au-dessus des cadavres décomposés des bouillons de pattes de poules et d'orteils de fœtus inachevés son corps a crié je ne veux pas hep! je suis là vivante hep! minute! la Nature ne m'enterrera pas vivante je ne me laisserai pas faire être née le jour des Morts c'est un exploit je veux qu'on le reconnaisse qu'on m'accorde la vie. Ma mère a dit j'aurai une fille oui parfaitement! le soleil brillera dans son camp. Pour survivre j'ai tourné le dos à ma mère j'ai zigzagué entre les cadavres marché sur des œufs. Pourris.

Ma mère est née le jour des Morts c'est pas ma faute je n'y peux rien retour à l'envoyeuse pourvoyeuse de mort et d'écriture. Elle le deux novembre et moi le deux mai, face et pile d'une pièce de théâtre antique les sorciers technologiques aujourd'hui séparent même les sœurs siamoises. À chacune son camp je prends le soleil je te laisse le cimetière souvent trop souvent nous avons dû négocier. Négocier à mort.

Entre elle et moi un fil invisible. D'elle à tire-d'aile comment ne pas l'oublier tout à fait? Mémoire vivante bibliothèque macédonienne Alexandrie.

À vouloir donner la vie j'ai bien failli mourir il y a cinq ans à l'Halloween mais elle a fini par lâcher prise le soleil a éclaté dans mon camp en plein zénith en plein midi. Je l'ai reconnu. Il m'a sauvée.

Samaïn nouvelle année
un jour ou l'autre, tôt ou tard, mort ou vivant on y retourne et, un jour une nuit, on y reste.
Vaine victoire sur l'invisible ennemie.

D'abord mourir. Vivre peut-être après. Retrouver des couleurs des odeurs le parfum de sa peau le goût de son sperme la douceur de son sexe dressé dans ma gorge suçon de chair retrouver le désir l'envie du plaisir du soleil. Peut-être. Après. D'abord mourir.

Se laisser couler au fond du lit s'enterrer vivant se laisser sombrer au fond du vide roulée en boule au fond d'un canyon d'un oued tari d'un gouffre dépeuplé. Glisser au fond toujours plus profond sans merci sans pardon ne plus bouger accepter. Se laisser couler sans rechigner ni résister ni maudire ni refuser accepter de perdre se laisser mourir oublier même de souffrir.

En finir avec la souffrance juste mourir avec harmonie avec faste avec mansuétude. Mourir un bon coup et se taire. Devenir ce que l'on doit devenir exister se laisser couler pas se débattre pas taper du pied accepter de perdre. Crever.

Dehors novembre une feuille au vent ballot-
tée torturée foulée aux pieds des passants
méprisants. Elle était si belle hier la feuille
gorgée de sève au faîte de l'arbre une pauvre
feuille aujourd'hui sèche déchiquetée par la
saison impitoyable. Plutôt crever c'est la vie
d'abord mourir.

D'abord mourir ne pas crier tant pis pauvres humains qui n'y pouvez rien. Futiles
tentatives de tourner la mort en vie rien à
faire vous n'êtes que ce que vous êtes une
feuille dans la tourmente colchiques dans
un pré gelé regrets qui tombent en tour-
billonnant ni la fin de l'été ni le début de
l'hiver juste du vent du gris jusque dans le
fond de votre rétine du désamour. Laisser
faire la vie. Perdre.

Tant pis pour les diamants bruts les trésors
uniques offerts par la vie dons qu'on n'a pas
su reconnaître tant pis. Une lueur s'éteint
frêle chandelle soufflée par le vent de la défiance la glace de la couardise promesses
retenues désirs affamés corde dans l'eau du
souvenir vermoulue. Inutile.

Dans le cimetière immense sans horizon les
sorcières ont tourné sans raison sans envie
finalement s'en sont retournées lasses las-
sées futiles rien à faire icitte pas drôle câlice
pas drôle trop frette circulez rien à voir
sont tous morts déjà le savent pas encore
sont tous morts pourtant. Les sorcières s'en
sont retournées dans leur grotte à dos de
balai.

D'abord mourir après on verra circulez bordel plus rien à attendre de rien.

Samaïn nouvelle année
un jour ou l'autre, tôt ou tard, mort ou vivant on y retourne et, un jour une nuit, on y reste.
Vaine victoire sur l'invisible ennemie.

Dehors novembre j'ai froid aux yeux au cœur j'ai mal au ventre à la peau j'ai peur du noir du vide j'ai peur de moi de lui plus jamais bas les masques novembre révèle novembre dénonce indique bas les masques aucune liberté à n'être pas ce que l'on est qui m'aime me suive je m'en retourne au fond. Derrière.

Derrière le miroir. Dedans il fait chaud je traverserai les strates j'irai jusqu'au cœur je toucherai bientôt le magma la source de vie du bout du cœur du bout du corps à bras le ventre au milieu du noir jaillira la lumière invisible au regard. Les jeux sont faits qui m'aime me suive jusqu'au magma jusqu'à la source nous toucherons le volcan du bout des doigts du bout de la langue sa langue sera brûlante il me léchera les seins l'ombre de mon dos la courbe de mes hanches deux fossettes à ma cambrure il ira au fond jusqu'au cœur de la lumière planté dans mon magma forgé à ma mesure ciselé à ma juste dimension.

Derrière la vulve. Dedans il fait chaud tête la première ventre en tête je pousserai fort

traverserai les couches forcerai la voie don-
nerai de la voix pour que cèdent les chairs
qui pourraient entraver ma fouille mon
retour. Je veux y retourner moi aussi même
si je suis une fille. Ma mère née le jour des
Morts moi le jour du retour de la vie tête la
première ventre en tête je tasserai mes épaules pour me frayer un passage au cœur du
magma je m'enfouirai.

Derrière la façade. Dedans la roche irradie
incandescente j'irai à coups de tête répétés
ventre en feu vulve saignante je pousserai
fort pour y retourner j'ai pas fini de grandir.
À coups d'ongles j'arracherai des lambeaux
de paroi je m'en repaîtrai m'en gaverai pas
finie affamée minuscule dehors novembre
pas capable de lutter.

Derrière la roche. Vacarme assourdissant. Je
progresserai toujours plus loin plus profond
sans merci tête la première ventre en tête me
cognerai aux parois à coups de nuque à
coups de cornes ferai céder l'obstacle démo-
lirai tout hurlerai à mort cracherai mon ve-
nin Vouivre originelle Serpent archaïque je
glisserai sous la pierre au chaud. Le vacarme
me guidera aveugle mais tenace monstrueuse.
Je verrai la lumière poindre sous mes paupières closes étincelles brasiers martèlement du
fer chauffée à blanc saignée à chaud rouge
vie j'irai. Je retrouverai Héphaïstos.

Derrière mes ongles. Mille lames battues à
coups redoublés dans le feu chauffées à
blanc saignées à chaud armes de fer contre
roche de pierre contre vulve de sang. Dans

une bouillie d'excréments de pattes de poules et d'orteils de fœtus inachevés au milieu des Amazones vengeresses Hippolyte livre son ultime combat.

Derrière la ceinture. Hippolyte, qui t'a donné la ceinture ? Héphaïstos non, Aphrodite son épouse. Hippolyte, dit Aphrodite, donne ta ceinture deviens femme. Aux pieds d'Héraclès Hippolyte dépose la ceinture délie son cœur trahit l'adage d'Héra la gardienne de morale conjugale Hippolyte se dévoile se révèle cousine de Diane fille d'Aphrodite elle dénonce Héra. Hippolyte met bas sa ceinture abandonne son pouvoir offre son cœur. À être homme et femme ni homme ni femme l'Amazone des Amazones jamais ne fut admise ni par les hommes ni par les femmes et ne vécut ni en homme ni en femme. Mais c'est fini. Hippolyte donne sa ceinture deviens femme !

Derrière Hippolyte. Héra se dresse gardienne de morale conjugale monstre avide de sang et de fœtus illégitimes. Hippolyte doit rester ce qu'elle est ni homme ni femme gardienne farouche d'un Paradis perdu qui se donne et se refuse demeure la porte ambiguë d'un ciel incertain. Inhumain. Donne ta ceinture à Héraclès donne ton cœur deviens femme connais l'amour. Héphaïstos a forgé la ceinture mais aussi l'épée. Hippolyte dépose sa ceinture. Héraclès brandit son épée. Combat inégal. Héra ricane dans le dos du bâtard de son divin époux et dirige son bras. Hippolyte tombe chauffée à blanc rouge vie. Sacrifiée.

Derrière Héra j'irai. Je me traînerai ramasse-
rai les restes d'Hippolyte en ferai un grand feu
de joie de renaissance pauvre Héraclès à la
force inutile musculature ridicule enjeu d'en-
jeux trop grands pour lui pauvre bâtard
demi-dieu trop humain désespéré. Dehors
novembre triomphe révèle démasque son
incomplétude un seul coup d'épée suffit à tuer
l'amour à tourner la vie en mort. J'irai farouche sein gauche coupé j'irai flèche en tête
vulve en feu je me traînerai jusqu'à Hippolyte
j'avalerai son corps d'étoiles Vouivre originelle Serpent archaïque j'en ferai un joyau ma
constellation mon joli mois de mai.

Derrière la Femme. Aphrodite gardienne du
mois de mai protectrice de la vie et de la
complétude unique farouche femme totale
fille mère incestueuse amoureuse indécente
épouse adultère et divinité totale. Dieu est la
femme totale. La Femme absolue du tout
premier matin.

Derrière Aphrodite j'arriverai. À ses seins je
m'agripperai à coups d'ongles à coups de
dents je la dépècerai m'en repaîtrai m'en
gaverai téterai jusqu'à la faire jouir hurler
j'irai loin au fond de son magma plus loin
encore m'enfouirai sous ses côtes au chaud
sous sa toison céleste roulée en boule au
fond de son ventre j'attendrai de devenir
moi-même finie achevée martelée à coups
redoublés. Six mois encore. Six mois pour
mourir. On verra après.

Dans six mois je trouverai la ceinture. Elle
m'ira comme un gant. Elle aura été ciselée

pour moi seule par les mains ambiguës du dieu forgeron. Joli mois de mai de ma naissance désarroi de vivre encore.

Samaïn nouvelle année
un jour ou l'autre, tôt ou tard, mort ou vivant on y retourne et, un jour une nuit, on y reste.
Vaine victoire sur l'invisible ennemie.

Certains font une fête de la mort au Mexique par exemple. Ils allument des lampions parent les rues les fenêtres les marches jusqu'aux toits jusqu'aux montagnes de bougies multicolores du milieu de la nuit du milieu de l'automne. Au cœur battant de novembre ils tentent de ressusciter le soleil raviver la lumière réveiller les morts les entraîner dans la danse les garder à jamais au plus près d'eux raviver la lumière ramener le printemps au milieu de l'automne. La lumière au plus profond de la nuit.

Certains se font une joie de la mort dansent habillés en squelettes une danse de vie pas une danse macabre chutent au fond du ravin se font mal. Certains ressortent toutes leurs photos appellent les morts parmi eux les enveloppent dans des papiers d'argent comme le plus précieux de leur trésor jouent eux-mêmes à être morts pour partager l'essentiel. Plus on s'approche de la mort moins on l'oublie moins on en a peur plus on se rapproche de la vie au plus profond de soi au plus vivant de son être sang battant aux tempes cœur en miettes cœur vivant cœur en folie plus on se souvient qu'on va mourir que d'autres sont morts malgré notre amour plus on se sait vivant haletant de fièvre de désir plus on pleure à fendre l'âme. Certains se savent vivants parmi les vivants grâce aux morts.

Certains se nourrissent de leurs morts écoutent attentivement leurs messages leur sagesse. Ne te trompe pas l'essentiel s'en va au vent n'oublie pas l'amour au vent. N'oublie pas je ne suis plus rien tout à la fois rien qu'un corps de poussière au vent un corps qui ne pourra plus t'aimer malgré mon amour mon sexe sera figé pour toujours nous n'en avons pas profité jamais assez profité jamais assez joui de ces moments-là pas d'amour sans désir pas de désir sans amour mes bras ne se refermeront plus jamais sur toi mon amour mon amour je ne suis plus rien je t'aime je t'aime à quoi bon. Mon corps jadis était à toi qu'en as-tu fait ?

Certains meurent vivants renoncent restent tapis dans l'ombre la culpabilité trop de choses précieuses qui pourrissent jusqu'à flotter au vent renoncent à vibrer renoncent à exister se faire reconnaître et aimer. Certains meurent à eux-mêmes meurent vivants. Moi non plus je n'ai pas su te le dire il est trop tard le temps est révolu nous l'avons gâché restent mes yeux pour pleurer tant qu'il me reste des yeux. Jadis mon corps était à toi qu'en as-tu fait ton cœur était à moi qu'en ai-je fait ?

Certains transforment la mort en vie fêtent leurs morts les honorent les appellent leur servent des festins leur jouent des musiques folles les convient à la danse dans les rues cris d'hommage couleurs de feu cadences infernales des crânes des squelettes des ossements en sucre des bonbons de vie la mort fond ainsi sous leur langue devient nourricière régénératrice pourvoyeuse de désir de danser pour se rappeler la mort. Vénérer la mort c'est remercier d'être vivant.

D'autres transforment la vie en mort bafouent leurs trésors l'éclair qui passe et qu'on laisse mourir sans aucune raison au nom de la raison sans raison. Quoi de plus déraisonnable que la mort avant la mort l'homme si prétentieux qu'il s'arroge le droit d'imposer sa petitesse au vivant contrôle la vie la transforme en mort de son vivant.

J'ai encore perdu ton amour je ne sais pas où je l'ai rangé je l'ai mis dans un coin il a dû prendre la poussière la rouille le moisi le chagrin l'auront usé jusqu'à la trame je l'ai égaré sous les factures derrière le sucrier au fond du placard au milieu des pots de peinture peut-être avec les cuillères les fourchettes non dans le tiroir à torchons sous l'évier avec le produit à vaisselle je l'ai perdu de vue.

J'ai tout bien rangé il n'y est plus un méchant lutin l'aura emporté. Dehors novembre je me roule en boule dans les draps glacés que tu ne froisseras plus mon lit est linceul de vie transformé en mort.

Samaïn nouvelle année
un jour ou l'autre, tôt ou tard, mort ou vi-
vant on y retourne et, un jour une nuit, on s'y
abandonne.
Vaine victoire sur l'invisible ennemie.

Mon lit nouveau centre du monde rien qu'à
moi toute seule dehors novembre plus aucune trace de mon soleil toute seule au fond
du lit nouveau centre du monde mon puits
mon secret mon tombeau.

Mon lit ma nuit obscurité purification de
l'intellect aridité épuration des désirs une
mort encore incertaine de nuit en nuit je
compte les jours qui meurent dans l'obscurité le dénuement l'aridité ma nuit mon in-
déterminé où se mêlent cauchemars et monstres où fermente mon devenir ma nuit d'où
jaillira la lumière de la vie l'Espace au-
dessus de l'espace.

Nyx fille du Chaos mère du Ciel et de la Terre
Ouranos et Gaïa fils et fille incestueux de
Nyx l'irréductible Nyx vagin céleste utérus
magique d'où surgirent tendresse et tromperie
rêves et angoisses. Nyx drapée de voiles sombres impitoyable arbitre entre Lune et Soleil
Nyx la farouche sur son char attelé de quatre
chevaux de jais. Nyx les Parques tes filles te
suivent sans bruit cortège de ténèbres Nyx
divinité chthonienne je suis l'agnelle noire
sacrifiée à ta hiératique intransigeance.

Mon lit nouveau centre du monde vagin de
la terre vulve de la mort l'automne croasse

le début de l'année la nuit annonce l'aurore du jour à naître. Mon lit sommeil sacré triomphe sur le temps où soudain se rompt le lien de la naissance. Ma mère née le jour des Morts lien rompu depuis l'origine traîtrise faite à un nourrisson sans défense pour qu'en lui s'ouvrent les yeux infinis de la nuit. Nyx je vois à travers Toi à travers le Visible au-delà de l'Astre je vois l'Espace au-dessus de l'espace je suis l'agnelle noire sacrifiée à ta hiératique intransigeance.

J'irai au fond de mon puits plus loin plus profond. Je me coulerai au fond de la mort sous la couche visible Vouivre originelle Serpent noir divinité chthonienne gardienne des secrets perdus maîtresse des élixirs de vie des poisons enchanteurs conscience froide qui ne se satisfait d'aucun cadavre sourde aux pleurs et aux duperies roulée en boule comme dans un linceul de vie. Morte à l'idée d'avoir perdu ton soleil pourtant je l'avais rangé je voulais le garder. Dehors novembre. Trop tard.

Je rejoindrai Perséphone qui n'était que Coré fille sans nom de sa mère cannibale. Je mettrai ma ceinture je séduirai Hadès il m'offrira un grain de grenade perle de sang d'un hymen dérobé à Déméter la mère céréale cannibale. Hadès l'Initiateur suprême qui voit à travers moi par-delà le Temps par-dessus l'Espace. Hadès mon amour ta langue sera brûlante tu lécheras mes seins l'ombre de mon dos la courbe de mes hanches deux fossettes à ma cambrure tu descendras jusqu'au

cœur de ma lumière planté dans mon magma
forgé à ma mesure ciselé à ma juste dimension. Tu m'offriras le grain de grenade la
perle de sang d'un hymen ouvert sur le possible. Par-delà le besoin l'amour.

Je deviendrai Perséphone. Les oripeaux de
Coré au feu je jetterai Déméter ma mère ira
folle par les chemins dépoitraillée éventrée
indécente exhibant à pleines paumes ses
vieux seins inutiles comme des valises sans
poignée. Déméter dépossédée dépossédera
les humains dévastera les récoltes apportera
la famine et la mort. Déméter égarée assise
les jupes relevées prête à s'offrir au premier
cocher Déméter aigrie indésirée aveugle de
souffrance elle qui jadis pourvoyait à l'ap-
pétence du monde matériel. Déméter une
mère par sa fille abandonnée tant pis pour
elle je deviendrai Perséphone je rejoindrai
Hadès le magnifique amant.

Hécate la noire gardienne de la croisée des
chemins. Passé présent avenir Hécate se
tient au centre. Elle montre la voie détraque
les boussoles démasque sans complaisance
dressée devant son ombre portée. Hécate
ramasse Déméter mère cannibale abandonnée par sa fille Déméter dépoitraillée éventrée exhibant à pleines paumes ses pauvres
seins lourds de vide. Bras dessus bras des-
sous les deux noires affameuses des vivants
s'en vont titubantes vers les bas-fonds les
ténèbres les entrailles de la terre s'en vont
sous la couche visible de la terre au terri-
fiant pays des Mystères d'Éleusis. Accèdent
à l'humanité de l'humain.

Les Mystères d'Éleusis. Accepter enfin de bénir les cycles du vivant. Descendre en soi impudique traîtresse derrière les voiles du paraître. Refuser de pourvoir aux illusions d'autrui de nourrir sans fin pour n'être pas affamée abandonnée à sa vérité. Déméter mère céréale cannibale précipitée sous terre, au cœur de ses refoulements. Tant pis pour elle. Coré devenue Perséphone l'a larguée là dépoitraillée éventrée indécente à la croisée des chemins. Elle chevauche Hadès l'amant magnifique. Une fille bien nourrie trahit sa mère. L'initie.

Regarde Déméter regarde cette vieille édentée cette Bâbo poilue qui boit la boisson verte des Mystères offre son corps décharné aux caresses d'amants innombrables ouvre son cul à pleines paumes osseuses au sexe dardé d'un jeune insatiable boit la boisson verte des Mystères fracture les secrets admet l'inadmissible découvre enfin découvre le sens de la vie. La vérité de soi est monstrueuse inadmissible. Il n'est d'accomplissement plus sublime. Plus solitaire.

La vie n'est pas qu'épi de blé Déméter la vie est sang sperme obscénité désir libéré subconscient exalté volonté de mourir pour vivre vivre pour aimer. Bois les Mystères Déméter allez! ma vieille allez! Perséphone voyage dans les bras d'Hadès elle vient de franchir la porte des étoiles tu ne la retrouveras plus. La vie jaillit derrière les appétences matérielles. Derrière les épis de blé. Ris

Déméter allez! Et lâche! Prends toi un amant tu l'as bien mérité!

Au fond de mon lit nouveau centre du monde je bois à pleine bouche les Mystères. Enivrement métamorphose transfiguration.

Samaïn nouvelle année
un jour ou l'autre, tôt ou tard, mort ou vivant on y retourne et, un jour une nuit, on s'y abandonne.
Sereine victoire sur une pathétique ennemie.

Première neige comme un miroir libre de traces. Cette nuit Montréal s'est roulée dans un linceul candide des langes de douceur toute la pureté cotonneuse avec laquelle on entoure un enfant qui ose un premier regard sur le monde. Candide un seul souffle pourrait le tuer l'entraîner vers des contrées que sa naïveté ne saurait supporter. Montréal mon bonheur ma douleur Montréal la ville de l'amour jusque-là refusé Montréal ma candeur un seul souffle pourrait me tuer cette fragilité me rend transparente. Montréal je pourrais mourir enfin à tes pieds dire enfin que j'ai vécu que mon cœur a accepté d'éclore je n'aurais pas vécu pour rien.

Première neige. Comme les flocons magiques je voudrais périr sur ta bouche fondre sur ta nuque tourbillonner autour de ton visage te dire que je suis là. D'un coup de langue tu m'engloutirais me garderais à jamais gravée dans ta luette effluves de mon corps inscrits dans tes entrailles. Miracle d'un pays que je croyais froid invivable Montréal que tu as rendu brûlant mon amour ma chaleur moi qui viens du Sud toi mon Nord ma boussole mon Afrique. À chacun son Afrique.

Première neige. De la matité à la brillance absence et somme des couleurs absence et somme des désirs absence et somme des douleurs départ et aboutissement de la vie diurne et du monde manifesté. Asymptote d'une vie qui se tord roule gémit se cambre asymptote de ma vie qui s'enfuit vers l'infini une ligne droite qui rejoint une ligne courbe quand je pense à toi ma vie devient blanche candide. Les deux lignes courbes de nos vies se fondent en une étincelle de désir un feu de plaisirs. Traces de pas dans la neige alignés parfaite asymptote.

Neige. Blanc. Passage. Si tu crois à la vie mon amour habille-toi de blanc au jour de ta mort. Jette-toi à l'eau du haut de l'île ancrée au Fleuve je serai là sur l'autre rive je t'attendrai dans une robe de dentelle immaculée une robe de neige un habit de mort de renaissance. Si tu crois en la vie mon amour meurs laisse-toi fondre sur ma langue. Blancs les effluves de ton désir au fond de ma gorge cristaux de vie et de renaissance qui iront féconder les strates les plus obscures de mon être. Nous n'aurons pas d'enfants nous serons nos enfants nous renaîtrons enroulés dans un linceul de vie dans les draps froissés de notre amour comme la première neige du tout premier matin du monde.

Première neige. Cette nuit j'ai vu ton visage penché sur le mien ta bouche au creux de la mienne ton sexe au cœur de mon magma je bouillonnais de désir de renaître de te redonner vie. Cette nuit j'ai senti ton souffle dans ma nuque tes mains sur l'ombre de mon dos la courbe de mes hanches deux fossettes à ma cambrure. Tu creusais jusqu'au fond de mon cœur ta foudre plantée dans mon magma forgé à ma mesure ciselé à ma juste dimension. Cette nuit je t'ai vu mourir hurler de rage et de désespoir d'abord mourir on verra après d'abord mourir hurler sur les rives de l'inassouvi de l'inaccessible tu coulais de joie de frayeur de renoncement Vouivre originelle Serpent gardien des secrets tu psalmodiais à mon oreille. Et ce matin Montréal était blanc de neige.

Blanc de renaissance schéma classique de toute initiation. Blanc de l'Ouest blanc mat de la mort qui absorbe l'être l'introduit au monde lunaire femelle. Blanc de l'Ouest qui conduit à l'absence au nocturne à la disparition des couleurs diurnes. Blanc de ton œil posé au fond du mien tandis que tu fouilles mes entrailles étincelle de désir brasier de plaisir sacrifice rituel. Fête. Macumba.

Blanc de renaissance schéma classique de toute initiation. Blanc de l'Est celui du retour. Blanc de l'aube où la voûte céleste réapparaît vide de couleurs riche de futurs. Microcosme et macrocosme rechargés durant le passage dans le ventre nocturne. Héphaïstos ses mains ambiguës de dieu forgeron transforment la matité en brillance la brillance en matité. Blanc suspendu entre présence et absence entre lune et soleil entre sacré et profane là où nos courbes se rejoignent asymptote parfaite. Traces de pas dans la première neige du matin.

Première neige. Le blanc est la couleur de la première phase celle de la lutte contre la mort. Je ne résisterai pas. D'abord mourir après on verra. Circulez rien à voir icitte. Je mourrai avec volupté avec plaisir mon sang rouge épandu sur la neige blanche. D'abord mourir je fondrai sur ta langue coulerai sur ta nuque glisserai au fond de ta luette. Tu ne m'oublieras jamais.

Demain le ciel sera pur et clair mon cœur serein lavé demain je redeviendrai invincible.

Samaïn nouvelle vie
un jour ou l'autre, tôt ou tard, mort ou vivant on y retourne et, un jour une nuit, on s'y abandonne.
Sereine victoire sur une dérisoire ennemie.

Dix : octobre. Onze : novembre. Minuscule ingrédient supplémentaire perturbateur d'harmonie profanateur d'édifice. Onze armoiries du péché tambour céleste d'un chaos terrestre désordre détérioration pleurs. Je pleure mon amour sur l'harmonie que tu trouvais jadis en mon sein.

Mes bras forment le cercle d'une complétude que j'ai cru tienne. Ton sexe est le glaive qui déchire la dyade illusoire. Si Dix est un ovule parfaitement lisse une boule de vie désœuvrée Onze est le sperme qui brisera le champ incantatoire. Onze annonce l'avenir qui naîtra du chaos malgré lui grâce à lui. Nous n'aurons pas d'enfants nous serons nos enfants toi mon alchimiste mon devin mon Créateur.

Onze: novembre. Le tambour du ciel résonne au creux de la terre la dévisage la révèle. Onze: ambivalence démesure débordement conflit violeur de complétude. Onze: mystères de la fécondité. Onze réunit le ciel et la terre voie de la totalité du Tao. D'abord mourir renaître peut-être plus tard. Avec toi ou sans toi.

Onze: tambours d'Afrique nombre sacré de l'occultisme noir idée de renouvellement et renouvellement de l'idée. Onze: régénération des cycles vitaux initiative individuelle. Onze: l'Homme livré à lui-même dressé devant l'harmonie céleste l'Homme élevé à la dimension de l'aigle sûr de voir le soleil du dessus à la seule force de ses pieds lourds de boue fraîche.

Onze: légende Bambara. Teliko dieu de l'air dressé contre Faro dieu de l'eau deux conceptions du monde érigées face à face dans un dialogue de sourd un combat de sang destructeur et fécondant qui engendre misères et miracles terreurs et pardons fracas de mondes misérables et merveilleux apocalypse révélatrice vaine indulgence. Teliko se hisse déchaîne vagues et marées Faro se défend s'obstine se révulse. Tempête. Pauvres humains perdus dans une fureur créatrice soumis aux forces de l'ineffable.

À chacun son Afrique sa profusion son inassouvi. Toi mon Nord ma boussole.

Samaïn
nouvelle année

Rhiannon, Korrigans et Mélusine autour des dolmens dans la forêt de Brocéliande dansaient sous le clair de lune grappes de gui céleste sur la tête.
Au gui l'an neuf!
Gui qui jamais ne touche terre qui de cime d'arbre en cime d'arbre grâce aux oiseaux se transporte et fleurit refleurit gui gui guirlandes de gui vie translucide grappes de souhaits pour un cycle nouveau.
Entrée dans la froide saison féminine, retour à l'obscur à la terre à la mère. La lumière n'est qu'un instant ravi à l'obscurité, l'Espace une vaine victoire sur l'immobilité du Temps. L'Obscur, le Temps, la Terre, la Mère, on en vient on y retourne.
Samaïn
un jour ou l'autre, tôt ou tard, mort ou vivant on y retourne et, un jour une nuit, on y reste.
Vaine victoire sur l'invisible ennemie.

Dehors novembre s'installe s'éloigne silencieux et laconique drapé de son manteau de neige qui crisse sous les pas des enfants. Je m'installe devant le foyer. Bûche après bûche je regarde brûler le feu des désirs. Mon lit nouveau centre du monde devient ma terre ma terre d'Amérique qui me verra renaître. Sans merci sans mesure sans pardon. Naître commence par une trahison. D'abord accepter de mourir pour renaître. Si novembre venait à perdre son mai, le chaos deviendrait stérile.

Dans six mois je trouverai la ceinture qu'Héphaïstos une nuit d'inspiration aura gravée pour moi, ciselée pour mes hanches, forgée à ma juste dimension. Comme Perséphone, je passerai devant Déméter et Hécate, les noires Parques médisantes, pathétiques ennemies, en leur tirant la langue. Ma mère née le jour des Morts a mis au monde une fille le jour du retour de la vie. Il faut quarante heures pour accoucher d'un être humain. Quarante ans pour naître à soi-même.

Je ne bouge plus. Je veux mourir avec volupté, avec jouissance. Ultime élégance. Dans six mois, au joli mois de mai de ma naissance, je sortirai de quarantaine. Je mettrai une belle robe blanche, une robe de mariée. Un linceul de renaissance.

Le soleil brillera à nouveau dans mon camp. Signe d'adieu à mon ancienne ennemie.

Troisième mouvement

Panique
ou la naissance de l'amour

février 2001

Une montagne se dresse vers le ciel
abandonnant une mer à ses pieds.

Ainsi naquit le monde et dès lors
nul n'y trouve sa place s'il oublie
par mépris ou distraction
sa condition amphibie,
le poisson en lui,
nul ne saurait survivre
à la perte du Tout,
mémoire d'avant la mémoire,
à l'aridité des possessions terrestres
à la chienne gardienne
des déserts intérieurs.
Pour exister il faut être
montagne et mer,
chèvre et poisson,
aimant et aimé,
garder la tête au sec
au sommet du roc
hissée vers le firmament,
mais les pieds enfouis dans la boue.
Et par la voûte plantaire
se souvenir d'elle
née au milieu du cimetière,
lui marcher dessus,
trace indélébile,
inscrite dans le magma de mes cellules,
le tracé de ma peau,
les lignes de mes mains,
les sillons de l'amour,
de la mort.

Magna Mater
envahissante, engloutissante,
dépecée en mille morceaux épars,
Tiamat sacrifiée,
Noum et Naunet
ce quelque chose qui sort de l'eau,
caillou d'homme
perle de femme
chèvre-poisson,
sans cesse
sans répit
cette bête qui monte, qui descend,
de la nuit vers le jour
de la terre vers la mer
du printemps vers l'automne
de l'hiver vers l'été
du soleil par la lune reflété
à la lune par le soleil dévoilée,
ce voyage sans début sans fin.
Fonte des glaces,
pestilentielle révélation,
mille métamorphoses
vitales transmutations.
Magna Mater essentielle,
jamais y rester
jamais l'oublier,
se hisser loin
pour mieux s'en abreuver.
Comme une chèvre
le soleil monte sur les plus hautes cimes,
comme un poisson
redescend dans l'eau.
Le soleil dans mon camp
comme une auréole posée
sur ma tête de chèvre,
la lune dans mes entrailles
telle la ceinture d'Aphrodite

forgée pour mes hanches,
mon nombril œil de cyclope.

Sang et eau
liquides primordiaux
gouttes de vie,
retour à l'océan primal
du premier matin du monde.
Première aube pointe au cœur
de la première nuit,
première ombre portée sur la paroi
de la première caverne.
Je vois mon ombre donc j'existe,
le soleil brille dans mon camp.
Premier lac suinté de terre
au premier jour du monde,
eau calme pour apaiser
l'inutile rigidité des montagnes,
leur verticalité présomptueuse,
futile, barbare
comme une condamnation à
vivre toujours,
souci de vivre encore,
debout, sans faillir,
sans pardon,
sans issue autre que l'effondrement
un jour enfin, à force de résistance,
l'engloutissement, telle une clémence.
L'engloutissement est la rédemption
de l'arrogante montagne,
l'homme rédempté plonge
en lui-même.

Où donc ai-je rangé ma queue de poisson ?
Je l'avais mise de côté pourtant,
au milieu des serviettes, derrière les torchons,
avec les casseroles et les pinceaux,

croyant au miracle qui
la protégerait de la poussière.
Qu'ai-je donc fait de ma queue de poisson ?
Comment, sans elle, survivrai-je
dans le désert de l'insignifiance ?

Syrinx
l'amour devenu musique,
panégyrique de l'abandon.
Du fond de mon tombeau
ma musique s'élèvera,
accompagnera chacun de tes gestes,
rythmera chacun de tes soupirs,
bercera tes peines,
attisera tes désirs.
Quand tu seras en manque de moi
tu porteras tes lèvres à la flûte de ma chair,
l'amour inassouvi vibrera alentour
sons de l'impossible oubli
mémoire d'avant la mémoire.
Tu m'entendras chanter à ton oreille,
ma mélodie résonnera au creux de ton ventre,
fidèle, ton sexe se dressera vers le ciel
comme le soleil au firmament
brillera dans mon camp.
Tu ne m'oublieras jamais.

Il se sentait bien seul Pan
fils unique de son père androgyne
Hermès moitié d'orange.
Isolé au milieu des cieux
où tous le fêtaient
comme un miracle,
un antidote à l'ennui,
lui qui s'ennuyait tant
au milieu des rires, des convoitises

qu'il contentait, généreux,
disponible au désir d'autrui,
perméable, tellement,
et saisissable,
acquiesçant sans faillir aux désirs
multiples,
à contrecœur, ennemi de lui-même,
fils improtégé protecteur providentiel
des apparences paternelles.
Une cage dorée que cet Olympe
un miroir grossissant
où baîllent les alouettes.
Et vibrant autour de son corps difforme
un concert de louanges
un chant incantatoire,
une ode à lui,
à sa monstruosité,
lui, le Grand Tout.
Tout l'irréductible,
qui ne se laissera pas dépecer,
ni réduire en miettes,
ni exiler de lui-même
au nom de plaisirs minuscules.
Il regarde Prométhée,
pauvre fantôme au foie dévoré,
sans aucune pitié pour son martyre.
Certains perdent la tête, les entrailles,
pour prétendre à la montagne de l'immortalité,
Pan, lui, n'est pas impressionné.
Ce belvédère l'indiffère.
Pan s'ennuie d'être dieu,
convoité et adulé,
seul au milieu de l'Olympe,
lui qui n'aspire qu'à la chute,
à la tranquillité de la condition terrestre,
à la totalité des désirs, des refus aussi.
Pan brigue l'engloutissement,
l'abandon, l'appartenance.

L'histoire de la chute de Pan
est celle d'une patrilinéarité
pareille à tant d'autres, finalement,
tissée de ces émotions fragiles
que les hommes entre eux
ne savent pas se confier,
qui font leurs guerres
et leurs pleurs secrets.

Pan le Grand Tout,
fils d'Hermès père improbable,
petit-fils de Zeus grand-père adultère.

Souvenez-vous de Zeus :
Zeus l'infidèle,
source de l'ambiguïté,
ambiguïté de la semence, de l'origine,
gardien de cossins
et de missions d'apparat.
Zeus grand-père
réduit au culte des convenances,
Zeus *persona,*
masque dévolu à la futilité
de l'éphémère,
ronronnant comme un chat
auprès de sa chienne gardienne
de morale familiale,
étouffoir de réverbères et de
lumière intérieure.
Zeus ton amour dort ailleurs
avec ta vérité,
avec ta jouissance,
dans le secret de l'adultère,
le désir nourricier de l'âme,
la vitale folie du cœur,
derrière les voiles de l'obéissance.
Pour aimer tu dois user de

mille travestissements,
ton cœur reste affamé, insatiable,
ton âme irrévélée, insoupçonnée,
invisible par l'œil éteint
de celle qui pourtant vit pour toi,
cette Héra pathétique et envieuse,
pitoyable de jalousie légale
et illégitime.

Souvenez-vous d'Hermès aussi :
Hermès le messager androgyne,
père inattendu de Pan.
À quoi, à qui Hermès dut-il cette
improbable métamorphose,
lui qu'on disait si
frêle si
aérien si
futile si peu
penché sur les choses terrestres,
les ensevelissements d'ici-bas,
les contraintes folles,
ces chaînes légales et illégitimes
que son père Zeus
semblait manier à loisir
avec une dextérité ordinaire ?
Zeus dressé telle une chèvre au sommet
de la montagne de ses acquis,
précipitant son fils vers les mondes vils
pour le mêler aux turpitudes vulgaires.
Oh ! ce n'est pas lui qui se compromettrait
avec la populace, puisque Hermès
sait si bien le faire pour lui,
créé qu'il fut pour trouver toujours
l'arrangement dont son père tirera
son arrogante magnanimité.

Une patrilinéarité ordinaire
faite de courage et de regrets.

À force de venir et d'aller,
Hermès acquit la connaissance,
créé qu'il fut pour y parvenir.
Il finit par échapper à son père,
devint Hermès Celui qui sait.
Seul à pouvoir descendre
jusqu'au monde secret d'Hadès,
seul à savoir distraire Perséphone,
à duper Cerbère sans s'embourber jamais
dans les eaux troubles du Styx,
seul à connaître les magies guérisseuses
des dieux d'Égypte et d'Eckart,
seul à savoir relier les mondes
d'ici-bas et de là-haut.
Hermès le Trismégiste Celui qui sait
se donna une seconde naissance
et mérita ce nom,
lui toujours en chute libre
ou en fulgurante ascension,
si peu charnel
si peu désirant
si peu matériel
jamais dupe de rien,
de personne,
Hermès le libre échappé.
C'est ainsi qu'il engendra le Tout,
Pan le monstrueux
de chair gourmande
d'intelligence impitoyable.
Hermès Celui qui sait
offrit Tout à la terre comme au ciel,
pour que nul jamais plus ne doutât
de sa totalité.

Pan, vengeance du père
contre le père,

lignée d'hommes ambivalents,
ligne de mire d'ennemis héréditaires,
une certaine version de l'univers.
Pan, revanche du père
contre le père,
incarnation de Tout ce qui
toujours échappera à tous.
Pan incarnation de la panique
devant l'irrésistible désir
d'être et de devenir.

Hermès, père aux semelles de vent,
ton fils te ressemble si peu,
si totalement.
Ton fils monstrueux,
au sexe qui pointe, dressé
telle la chèvre vers le sommet de la montagne,
la démesure de son sexe révèle
l'absence du tien.
Toi, père que ton père disait si léger,
ton fils porte des sabots
lourds d'incarnation
qui le tirent,
désir irrésistible,
le tirent vers la chute, vers la terre,
vers les vertes toisons des Nymphes,
les vallées les creux les sillons liquides,
les liquéfactions essentielles.
Fonte des glaces,
pestilentielle attraction,
mille métamorphoses,
vitales transmutations.
L'homme rédempté aspire
à l'engloutissement.

Pan sait
laisser suinter les nectars des Nymphes au fond

de sa gorge, au fond des papilles,
sexe-chèvre dressé telle la montagne,
sexe-poisson *popsicle* acide
naissance de la vie, la vraie vie,
la vie d'en bas plutôt
que celle d'ici-haut.
Hermès ton fils a fait son choix,
a choisi de chuter sans remonter.
Petit-fils de l'Immortel
Fils de l'Improbable
Pan, lui, a choisi de vivre,
pas vivre pour rien,
vivre pour mourir.
Patrilinéarité ordinaire,
forgée de Gloire et de Rédemption.

Les nectars des Nymphes valent mieux
que les bras de toutes les déesses même
Séléné l'éthérée
Aphrodite l'insondable
Diane l'intouchable
Déméter la délaissée
Hécate la noire
et Athéna et Rhéa
et tous les dieux même, l'un après l'autre,
tous ceux et celles qu'il eut, un jour, une nuit,
à la pointe de son sexe,
tous sauf Héra bien sûr,
Héra la légitime indésirable,
mais sa grand-mère enfin !
Il est de ces interdits que même Pan
ne transgressa pas.
Par cieux et par vaux,
déesses et dieux de l'Olympe,
tous, l'un après l'autre,
fatigue et lassitude.
Pan fit son choix.

Chuter sur la terre, enfin,
leur échapper et renaître.
Il a choisi le souffle des Nymphes
qui le voient fondre sur leurs seins,
et ferment les paupières, ravies,
converties, évanouies,
paniquées ah! niquées par Pan,
désirantes et n'osant pas formuler
ce désir panique,
attraction de la répulsion,
les bras velus
le sexe pléthorique
les sabots sans pitié
les dents avides ah! jouir
de par Tout
de par le fils de l'improbable
tombé du ciel enfin libre,
fils et petit-fils de personne.
Pan englouti,
retourné aux eaux primordiales,
aux liquéfactions essentielles.

Fonte des glaces,
pestilentielle révélation.
Pan chuté, fondu dans la terre
désirée de toute son âme sa chair,
mais si la chair n'est pas l'âme alors
qu'est-ce que l'âme?
Tombé du ciel enfin
prêt à aimer plutôt que d'être aimé.
Chute de Pan,
voulue, choisie,
vers le secret de lui-même.
Chute de Pan,
envol de désir vers
la lumière des ténèbres.

Syrinx
l'amour devenu musique,
panégyrique de l'abandon.
Du fond de mon tombeau
ma musique s'élèvera,
accompagnera chacun de tes gestes,
rythmera chacun de tes soupirs,
bercera tes peines,
attisera tes désirs.
Quand tu seras en manque de moi
tu porteras tes lèvres à la flûte de ma chair,
l'amour inassouvi vibrera alentour
sons de l'impossible oubli
mémoire d'avant la mémoire.
Tu m'entendras chanter à ton oreille,
ma mélodie résonnera au creux de ton ventre,
fidèle, ton sexe se dressera vers le ciel
comme le soleil au firmament
brillera dans mon camp.
Tu ne m'oublieras jamais.

Le grand dieu Pan est mort
Le grand dieu Pan est mort
se lamente le chœur des abandonnés de
    l'Olympe,
Pan a choisi le paradis
de la vie à mort.
Toute la beauté du monde enfin
à portée de sa peau.
Le grand dieu Pan est mort mais
il ne fut jamais aussi vivant,
les poils dressés
les papilles en alerte
les sabots frétillants
le sexe dardé à tout va
béni d'une mort nouvelle,

une renaissance.
Pan se découvre, se rassure.
Il le savait même avant sa chute,
il l'espérait.
La terre dépasse ses plus folles espérances,
la terre vaut mille cieux,
et il n'est de plus grand bonheur que celui
de l'éphémère périssable.

La pérennité olympienne,
alternance de jours sans nuits
de soleils sans nuages
de voluptés sans soucis
de désirs pris dans la cage
du pérenne éternel,
en vain mortifère puisque jamais mortel.
L'éternité insensée, inutile
comme une valise sans poignée,
sans hiers et donc
sans demains,
l'Olympe un présent sans profondeur
ni perspective sans
douleurs sans
dangers ni
aspérités sans dessein,
l'Olympe le bonheur sans goût.
Sur terre en revanche,
alternance principielle
de soleils par leurs lunes reflétés
de lunes par leurs soleils dévoilées.
Magna Mater
ce quelque chose qui sort de l'eau
caillou d'homme
perle de femme
chèvre-poisson,
sans cesse
sans répit

cette bête qui monte, qui descend,
de la nuit vers le jour
de la terre vers la mer
du printemps vers l'automne
de l'hiver vers l'été,
principe d'alternance de la vie en marche,
la vie qui monte sur les plus hautes cimes
comme une chèvre,
la vie qui redescend dans l'eau
comme un poisson,
l'alternance vitale
de la chèvre vers le poisson
et du poisson vers la chèvre,
de mai à novembre
et de novembre à mai,
joli mois de mai de ma naissance,
souci de vivre encore.
Et sortir de quarantaine.

Tombé du ciel au mois de mai,
Pan se délecte du nectar des Nymphes
de l'herbe ondoyante
du suc des fleurs
des abeilles en pâmoison
des oiseaux en rut.
Quelque chose dans l'air annonce
l'été, déjà l'été,
l'appel de ce qui arrive à terme
pour mourir,
pour renaître.
Juin se passe dans l'apprentissage
de la beauté parfaite,
les fleuves abondants
les rapides apeurés qui vrombissent
d'impatience, avides,
exempts de toute morale,

de toute retenue fainéante.
Juillet s'étire paresseux,
goûte les chaleurs à même
les chairs, la nuque, les seins,
les sexes offerts de mille Nymphes
paniquées par Pan
le fils de l'improbable,
conquises finalement offertes et repues,
bues à même la chair de leurs calices humides.
En août elles en redemandent,
en garder encore la trace, la morsure,
la marque fraîche sur leurs fesses rebondies,
l'impact des sabots dans leurs tissus secrets
et le goût du sperme, *popsicle* acide,
pour rafraîchir leurs haleines.
Pan au faîte des plaisirs,
sexe dressé tel l'astre au zénith de sa course,
redouble de générosité
toujours plus jusqu'à septembre
qui le voit alangui, hagard,
rassasié de fatigue illégale
mais légitime,
septembre un instant de repos
avant les rougeoiements d'octobre.
Octobre, et Pan court d'un arbre à l'autre,
encore vert au milieu de l'automne,
au milieu des musiques des Nymphes qui
    dansent enivrées
de tant de soleils bus à même la peau,
qui disparaissent à l'horizon.

Novembre le happe ainsi, nu,
gonflé à bloc, bombé d'amour,
novembre le laisse seul,
abandonné par les Nymphes
retournées à la *Magna Mater*,

pareilles aux feuilles
balayées par les vents.
La mère la terre l'eau on en vient
on y retourne.
Le corps peu à peu
se défait de son âme mais
si le corps n'est pas l'âme alors qu'est-ce que
    l'âme ?
Novembre. Pan triste, désœuvré,
ne trouve aucune consolation
dans cette philosophie,
l'amour de la sagesse n'est d'aucun secours
face à l'immensité aride
du désert du désir.
Décembre arrive, impardonnable.
Pan se revêt de fourrure,
cache son sexe sous les peaux
de bêtes trépanées tuées
dans le vide de l'indifférence.
Il désespère lui qui
ne sait pas que décembre annonce juillet.
Mais juillet tarde encore, c'est janvier.
Pan gît las,
l'âme délaissée par le corps,
les bras vides
le sexe en berne
les sabots plombés,
pétrifiés par la glace du désamour,
les lèvres asséchées par l'absence de nectar,
ivre du souvenir des liquides bus
à même la chair des calices, les lèvres
crevées comme une créance,
Pan épuisé par la violence
de la morsure des neiges
et des gifles de gel.
Janvier le monde

pétrifié par l'espérance du printemps,
janvier folle obstination juvénile,
vision têtue d'une idée au loin,
l'idée saugrenue d'une lueur invisible,
le joli mois de mai de la renaissance.
Mais pour espérer encore faut-il
avoir déjà espéré Pan
tombé du ciel au milieu de l'herbe verte
ne soupçonne pas que l'herbe poussera
de nouveau et que reviendront
les Nymphes et leurs chants de gorge avide.
En février il capitule, rend les armes,
meurt à lui-même, abandonné de tous,
des immortels comme des mortels.

Le grand dieu Pan se meurt.
Le grand dieu Pan est mort.
Le corps roulé en boule
au fond de la caverne matrice de roche,
cimetière de cadavres décomposés
de pattes de poules et de fœtus sans visage.
Se laisser couler au fond sans
rechigner ni
résister ni
maudire ni
refuser juste accepter de perdre,
oublier même de souffrir.
Pan où donc as-tu rangé ton désir ?
Égaré dans les toisons d'abondance,
les amas de chair, la poussière redevenue
glace désolante de désolation.
Vouivre originelle
Serpent archaïque,
le grand dieu Pan se meurt
le grand dieu Pan est mort
vive le grand dieu Pan !

Alors mars pointe enfin
dans le fracas des eaux pestilentielles.

Fonte des glaces,
puanteur de la vie
ressuscitée d'elle-même.
Les mortels qui ont traversé la mort
méritent de vivre encore un peu,
le temps d'une nouvelle herbe,
d'une dernière coupe de nectar
bu à même le calice des chairs.
Au cœur de mars
la nausée le prend c'est donc
qu'il est en vie.
Laminé par tant de perplexité,
pétrifié de solitude, affamé
d'amour et d'abondance,
survivant au pays des mortels,
le doute scarifié à même la chair,
le sexe évidé vain
comme une valise sans poignée,
il La voit telle l'idée saugrenue
d'une lueur devenue visible, enfin
accessible à son regard vieilli d'hiver.
Elle La Nymphe
plus lisse, plus innocente encore
qu'Ève à son premier réveil,
mais Ève aux yeux de Pan c'est moins que rien,
moins que toutes celles qui vinrent avant.
Mais mille c'est comme aucune,
mortelles ou immortelles,
Séléné l'éthérée
Aphrodite l'insondable
Diane l'intouchable
Déméter la délaissée
Hécate la noire
moins même que le fantôme de la pauvre
    Hippolyte.
Elle La Nymphe incomparable,
plus belle que toutes ses sœurs réunies

bues à même leur calice de chair,
enfin accessible à son regard gelé d'hiver,
adouci cependant par la menace de la mort.
Elle Syrinx le soleil dans son camp,
comme une auréole
autour du cœur pétrifié de Pan.
Une alvéole une faille un fracas printanier,
le crissement des glaces qui fondent
dans les bras l'une de l'autre,
des glaces fragiles,
immenses icebergs devenus glaçons
touchés par la baguette magique de l'amour.
Mars, et Pan n'est qu'un glaçon prêt à fondre
sur les lèvres de La Nymphe Syrinx,
la révélation de l'amour,
Syrinx comme une récompense pour Pan
que la mort vient de recracher vivant.

Pan où donc avais-tu rangé ton cœur ?
Toi qui n'étais que sexe dressé
tel le soleil au firmament,
tu n'es plus que frémissements et ondoiements,
incantation dans l'herbe verte des prés,
paniqué par toi-même.
Hermès vois ton fils chuté
dans la marmite de la grâce.
Tu ne peux plus rien pour lui
et lui-même t'a renié.

Syrinx
l'amour devenu musique,
panégyrique de l'abandon.
Du fond de mon tombeau
ma musique s'élèvera,
accompagnera chacun de tes gestes,
rythmera chacun de tes soupirs,

bercera tes peines,
attisera tes désirs.
Quand tu seras en manque de moi
tu porteras tes lèvres à la flûte de ma chair,
l'amour inassouvi vibrera alentour
sons de l'impossible oubli
mémoire d'avant la mémoire.
Tu m'entendras chanter à ton oreille,
ma mélodie résonnera au creux de ton ventre,
fidèle, ton sexe se dressera vers le ciel
comme le soleil au firmament
brillera dans mon camp.
Tu ne m'oublieras jamais.

Avril le trouve là
plongé jusqu'à la taille
dans l'onde révélatrice,
la rivière-marmite transfiguratrice
du désir en amour,
du plaisir en pardon.
Des jours des nuits
en alternance,
des soleils par des lunes reflétés,
des lunes par des soleils révélées
des froidures nocturnes
des brûlures diurnes,
des souffrances du corps et de l'âme,
mais si le corps n'est pas l'âme alors
qu'est-ce que l'âme ?
Pan dans la douleur de la folle espérance,
de l'amour inassouvi,
fasciné par la vision de La Nymphe,
de l'inconnu inaccessible
à ses bras velus
à son sexe pléthorique
à ses sabots sans pitié

à ses dents avides ah ! jouir
de par Tout
de par le fils de l'improbable
tombé du ciel,
enfin libre,
fils et petit-fils de personne.
Pan plongé jusqu'à la taille
dans la rivière-marmite de l'amour,
retourné aux eaux primordiales,
aux liquéfactions essentielles,
le sexe dressé
telle la chèvre au sommet de la montagne,
le sexe gelé par l'eau fraîche,
les sabots durs pareils aux pierres
du lit de la rivière, les sabots
pétrifiés par la certitude
d'avoir jadis été toujours désiré.
Pan apprend :
vivre c'est mourir.
Aimer plutôt que d'être aimé.
Mille c'est comme aucune.
C'est une patrilinéarité ordinaire,
faite de désirs et de renoncements.

Sur la terre les femmes échappent toujours
aux hommes qui n'ont pas su les laisser libres.

Syrinx La Nymphe se refuse,
paniquée au point de le fuir sans relâche,
interdisant toute approche,
le condamnant à l'eau.
Pan plongé dans la rivière de l'amour
jusqu'à la taille,
le sexe détrempé
les sabots lourds
les yeux noyés de larmes

les bras avides,
désespérés de ne jamais mériter l'étreinte
de Syrinx La Nymphe intouchable.

Avril entier se passe, mai s'annonce.
Trente jours trente nuits
et autant de soleils en lunes transformés,
sans espoir
sans issue
sans répit
sans dessein autre
que celui de la regarder le fuir,
prête à tout pour lui échapper,
paniquée à l'idée du sexe de Pan,
Tout, le fils d'Hermès l'improbable,
prête, même, à devenir roseau.

Et à l'instant où Syrinx,
pour échapper à Pan,
en roseau se transforme,
les sabots du bouc divin
deviennent queue de poisson soudain.
Sur la terre des mortels
de telles merveilles arrivent,
comme la buée devient givre
la glace vapeur pestilentielle,
comme la nuit mute en jour
la lune en soleil,
le poisson devient chèvre
Syrinx roseau et le bouc poisson.
À l'amour nulle magie n'est impossible.
Qui boit l'amour peut espérer une nouvelle vie
au joli mois de mai des merveilleuses amours.

Du corps impossédé de sa bien-aimée
Pan fabrique une flûte.
Avec des gouttes de miel
il unit les joncs les uns aux autres

pour en faire sa *syrinx*,
il y porte les lèvres, s'en délecte
comme d'un nectar bu à même
le calice de chair de La Nymphe intouchée.
De sa gorge monte le souffle du désir,
de son cœur la mélodie qu'il répand
dans l'univers pour que personne
n'oublie les sons de Syrinx,
les ondes de l'amour.
Liquéfactions primordiales,
fluidité du possible,
à l'amour nulle magie n'est impossible.

Syrinx
l'amour devenu musique,
panégyrique de l'abandon.
Du fond de mon tombeau
ma musique s'élèvera,
accompagnera chacun de tes gestes,
rythmera chacun de tes soupirs,
bercera tes peines,
attisera tes désirs.
Quand tu seras en manque de moi
tu porteras tes lèvres à la flûte de ma chair,
l'amour inassouvi vibrera alentour
sons de l'impossible oubli
mémoire d'avant la mémoire.
Tu m'entendras chanter à ton oreille,
ma mélodie résonnera au creux de ton ventre,
fidèle, ton sexe se dressera vers le ciel
comme le soleil au firmament
brillera dans mon camp.
Tu ne m'oublieras jamais.

Au joli mois de mai j'irai
m'allonger au bord d'une rivière,

tremperai mes pieds dans l'eau fraîche,
écouterai vibrer les ondes de l'amour.
Pour toucher mon cœur
tu poseras ta tête sur mon sein,
ton cou dans mes mains,
ton sexe dans mes reins,
et tes lèvres au calice de ma chair
atteindront mon âme.
Car si le corps n'est pas l'âme alors
au diable l'âme !

Je croyais avoir perdu ma queue de poisson
sous les fourchettes, les serviettes,
les certitudes imbéciles,
mais ce n'était qu'illusion de jeunesse,
poudre au cœur,
poussière déversée par l'invisible ennemie.

Dans trois mois
mon linceul deviendra nageoire.
Je mettrai une belle robe blanche et nous dan-
    serons dans le vent, au milieu des roseaux,
    comme au tout premier matin du monde.

Je dirai oui à ma naissance.

Quatrième mouvement

L'Olympe intérieur
mai 2001

Terre

Née le jour du retour de la vie
chutée par amour
dans la marmite d'éternité
bouillon de pattes de poules
et de fœtus inachevés

Je salue l'ombre des étoiles
à mes pieds

et la mort chaque seconde remplit son panier

Jupiter

Zeus qu'as-tu fait de ta foudre ?

Rangée sous les torchons les serviettes les
    peintures
les arrangements inutiles
Noyée sous l'oreiller où gît ton cœur
prisonnier affamé de lui-même
obscurci par une lumière qui n'est pas la tienne
perdue dans l'insignifiance d'une image
minuscule ombre de toi-même
Héra brille du feu de ta foudre sacrifiée

Zeus ton amour dort au loin
encastré dans d'autres oreillers
la courbe de ses hanches
deux fossettes à sa cambrure
la douceur de sa sève
à même le calice de chair,
dort au loin Zeus
avec ton cœur et ta vérité
au fond du tombeau des regrets
Héra brûle le temps qu'il te reste à oublier

Zeus qu'as-tu fait de ta foudre ?
Ton père t'aurait renié

Saturne

Une montagne bandée vers le ciel
force érectile
colonne vertébrale de la conscience
force hiératique
du renoncement

Une montagne dressée vers le firmament
le cœur dans les nuages
une mer de refoulements geint
à tes pieds

Caresse osseuse
sourire sans dents
genoux rompus
échine ployée
morsure de l'invisible ennemie
immense bibliothèque
tomes de pleurs secrets

L'écriture naît de la mort de l'oubli

Mercure

Hermès vois ton fils enivré
de parfums de grâce
Tu ne peux plus rien pour lui
et lui-même t'a renié

Une alvéole une faille
un fracas printanier
le crissement des glaces
qui fondent dans les bras
l'une de l'autre
popsicles acides à
la langue de l'amour
glaçons au fond de la gorge
larmes bues à même la paupière
psalmodies
sèves
fusées
artifices
Intelligence vaine
futile devant
la vérité de l'amour

Car si l'esprit, Hermès,
si l'esprit n'est pas le corps
alors qu'est-ce que le corps ?

Ailes aux talons, Hermès, va
répands la bonne nouvelle
à Séléné l'éthérée
Aphrodite l'insondable
Diane l'intouchable
Déméter la délaissée
Hécate la noire
Athéna Artémis

à Héra même,
la légale illégitime,
dis-leur toi qui sais
que l'intelligence est vaine,
impropre à transmettre la vie

Ton fils, lui, est devenu poisson
désirant plus que désiré
ton fils, Hermès,
enfin né à lui-même,
aimant plus qu'aimé
à quoi bon savoir, Hermès,
et n'en rien vivre jamais ?

Hermès dieu des mots au vent jetés,
des artifices de la dualité
tu as perdu ton visage
et ton fils t'a renié

Toute l'éternité pour t'en étonner

Lune

Lune ma torve
un voile sur mon soleil
un foulard de soie une traîne
étisie moirée
hasards par l'Astre reflétés

Lune mon deuil
halo d'elle autour de mon cou
perles de lait rance
cimetière profané
mirages par ta lueur charroyés

Lune ma vulve
oued tari gouffre sans fond
d'abord mourir pas crier
peut-être après peut-être
colchique tourmentée
vivre peut-être vivre

Lune ma vérité
Vouivre originelle Serpent archaïque
sous la pierre au chaud sourdre
jusqu'à la mémoire d'avant la mémoire
saignée à chaud rouge vie

Lune mon hier
demain tu seras ma cousine
ma sœur mon aïeule
mon miel mon ailleurs
louve-garou prête à larguer les amarres

Lune mère et mer écriture
sans Lui je ne serais pas là pour l'écrire
sans Elle je n'écrirais pas

Soleil

Mille c'est comme aucune
et les fleurs épanouies
ne repousseront plus
mauvais premier rôle
ombre portée de toi-même
sot plaisir de détruire
pour quelque brillance éphémère

Si je ne te vois pas
si je ne te crois pas
si je hausse les épaules
si mon âme est trahie
mais si l'âme n'est pas le corps
alors qu'est-ce que le corps ?

Tu perds ton éclat
tomes de cendres
dans le désert de ma défiance
Le soleil a toujours brillé dans mon camp
en plein zénith en plein midi

Sans soleil pas de rose
                    pas ma rose
                              mon épine

Demain je redeviendrai invincible

Vénus

Les sorcières s'en sont retournées
dans leur grotte à dos de balai
Autour des dolmens les Korrigans dansent
sous le gui de l'an neuf
Dieu est la femme totale
la Femme absolue
du tout premier matin

J'ai trouvé la ceinture d'Aphrodite
forgée pour moi seule
par les mains ambiguës du dieu forgeron
Finie achevée martelée ciselée
à coups de reins redoublés parfaite
comme la première étincelle du monde

Joli mois de mai de ma naissance
désir de vivre encore
Et danser

Pluton

Qui rit sans jamais se réjouir
scrute la mort derrière les masques
du vivant
épand les vidanges et se vautre dedans
tel un tournesol jailli de la misère ?

Hadès à la robe d'éternité
traîne de clairvoyance
dans les vertes prairies d'ici-bas
sillon de lave dans les blés de Déméter
grains de grenade ravis à Perséphone

Hadès sans mépris ni dédain
juste un sourire en coin
devant les amours mercantiles

Tôt ou tard, mort ou vivant
on y retourne et, un jour une nuit, on y reste

Tous les chemins mènent aux Mystères

Mars

Moi
Je
couperai cette dyade fusionnelle
qui efface la trace de mes pas sur le sable fin
    des fjords
à coups de dents à coups d'ongles
à coups de poignard barbare
Nous
n'étouffera plus mon souffle
Toi
Vénus à ta proie ficelée
ligotée à l'objet de tes rêves
ton regard ne ternira plus mon miroir

Être seul ou ne pas être
inlassable question sans clémence
la question des prophètes
celle des soldats inconnus
celle de Moïse dans le désert :
Dieu pourquoi ?

Pourquoi m'as-tu fait puissant
puissant
et solitaire ?

Uranus

Sous les cendres de la défiance veille
la conscience de soi projetée
sur le monde, reflet des étoiles,
éclat d'éclair dans l'œil des mortels

Longtemps j'ai évité de venir aux nouvelles.
Poser le regard sur cette mine vive aurait pu
me coûter la vue.
Au pays des aveugles, je voulais rester reine,
il est si simple de nier la mort,
éclat d'éclair sur l'oubli des mortels

Derrière la pierre, derrière les voiles,
derrière les replis des sorcières,
les rides de la mémoire,
dans l'antre des passions, la marmite
où gîtent les mirages avec les pattes de poules
et les fœtus sans visage,
dans le ventre chaud de l'enfance veille
la femme que je suis devenue, une mine vive,
une torsion sur la ligne plane des mépris,
éclat d'éclair sur la fadeur des mortels
pour devenir, devenir plutôt que demeurer

Je ne suis pas la femme de Loth.
Je descends de la louve, de la truie,
un magma devenu geyser.
Je le savais
Il m'a vue

Neptune

Avant le père de Beethoven
les sons arrivaient fluides, aériens, légitimes
aux tympans des mortels,
charriant les mélodies d'en haut.
La musique abreuvait l'herbe de son allégresse.

Que sont cette légèreté, cette mobilité
    devenues ?
La musique trouve encore sa voie,
    inaccessible à toute pétrification.
L'eau creuse toujours son sillon, entraînant
    les mortels vers les phares de l'ineffable.

J'ai retrouvé ma queue de sirène
cheval de mousse et de nacre
pour chevaucher les nébuleuses
et garder les rêves au chaud.

Ma chair a connu les Mystères
Je ne l'oublierai plus

Tu ne m'oublieras jamais

Terre

La vie sans retour
toujours recommence
éternel printemps
éphémère revanche

Ici-bas plutôt que très haut
à ma juste dimension
je salue le reflet des étoiles
cloutées à la voûte de mes pieds
éclat d'éclair dans mon cœur
mais si mon cœur n'est pas mon pied
alors qu'est-ce que mon pied ?

Jamais je n'ai été plus proche
jamais plus frêle
jamais plus vraie
toujours plus
invincible

Et si mon cœur est mon pied
alors je danse

Ce lieu est une marée
dans son double reflux
d'avidité et de renoncement,
oscillant entre la respiration
d'un nourrisson
et celle
d'un vieillard
entre extase et terreur.
Une membrane fragile
devenue gangue d'épines
pour s'exposer sans pardon
au fardeau des regards,
à cette lumière trop claire
pour n'être que celle du soleil.
Je pose mon cœur sur la peau du monde
j'entends monter les râles
de tous les amants comblés.
Un silence assourdissant
une prière
une oblation
dédiée à ceux qui demain
devront arborer les stigmates
de notre désertion
sans nous pleurer
sans nous maudire
et même, parce qu'il le faut,
sans plus nous espérer

ni nous aimer

CET OUVRAGE COMPOSÉ EN SABON
12 POINTS SUR 14
A ÉTÉ ACHEVÉ D'IMPRIMER
LE DIX-HUIT OCTOBRE DEUX MILLE UN
SUR LES PRESSES DE TRANSCONTINENTAL
DIVISION IMPRIMERIE GAGNÉ
À LOUISEVILLE
POUR LE COMPTE DE
VLB ÉDITEUR.

IMPRIMÉ AU QUÉBEC (CANADA)